Die Gleiche FARBE Daumen Hoch

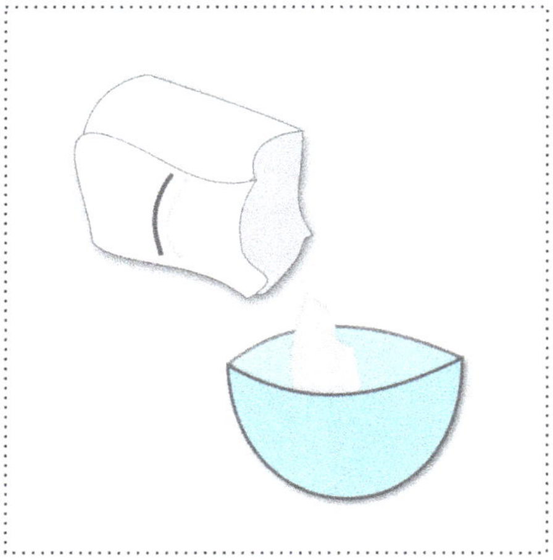

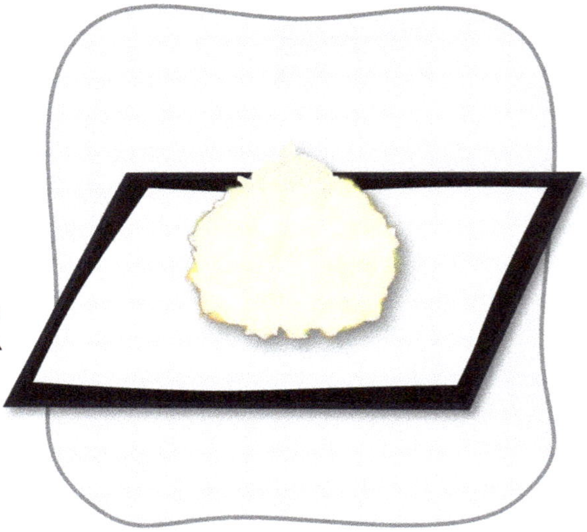

 Wir wollen backen. Was bekommt einen Daumen hoch? Was bekommt einen Daumen runter?

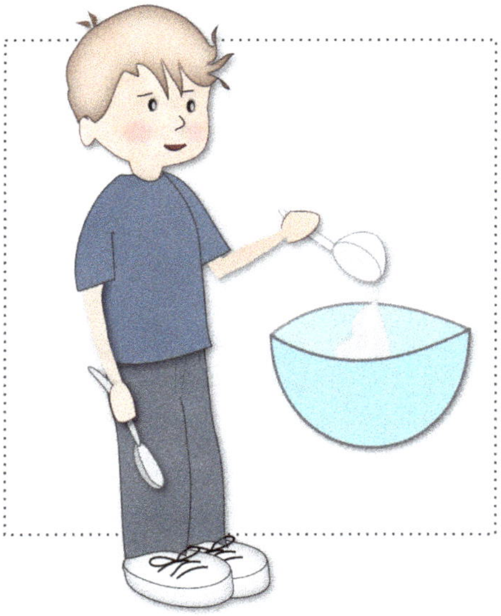

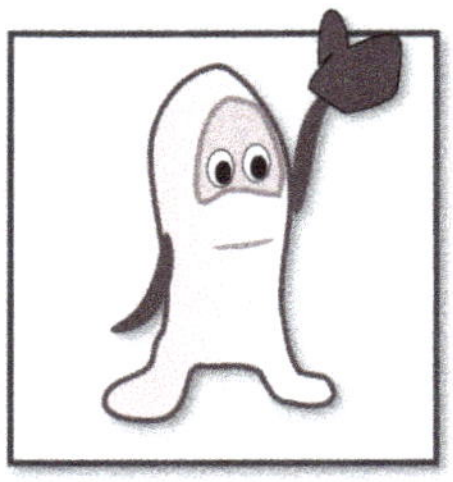

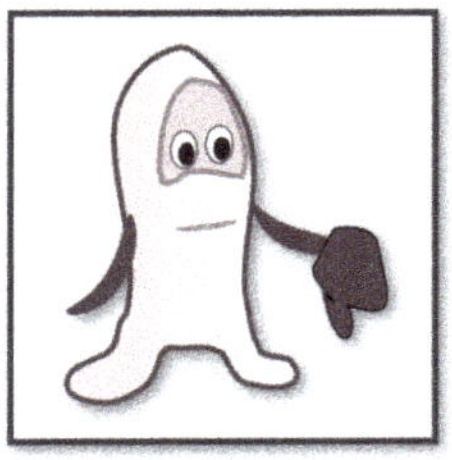

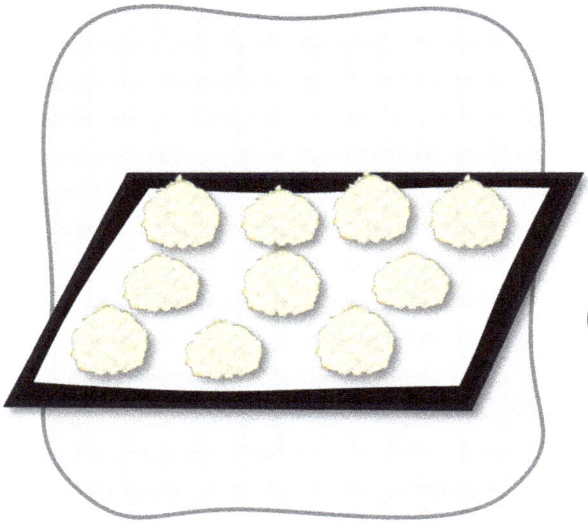

Wir wollen backen. Was müssen wir ... holen? Zum Mischen benutzen? Zum Backen? Gib den Daumen hoch!

ODER       ODER

 Wir wollen backen. Was müssen wir holen?
Gib einen Daumen hoch … oder runter.

ODER     ODER

Wir wollen backen. Was müssen wir holen?
Gib einen Daumen hoch … oder runter.

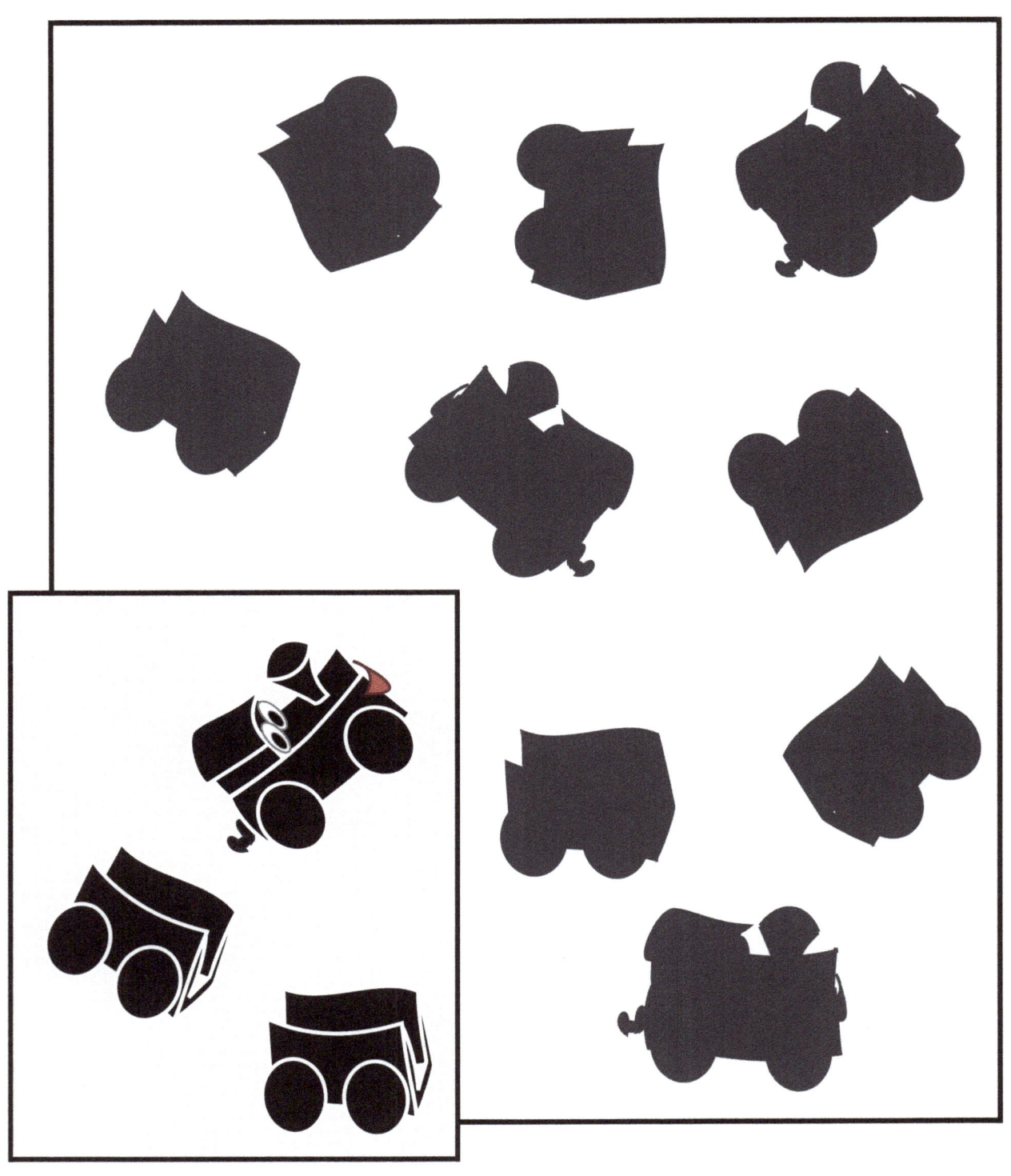

Finde 3 Gleiche

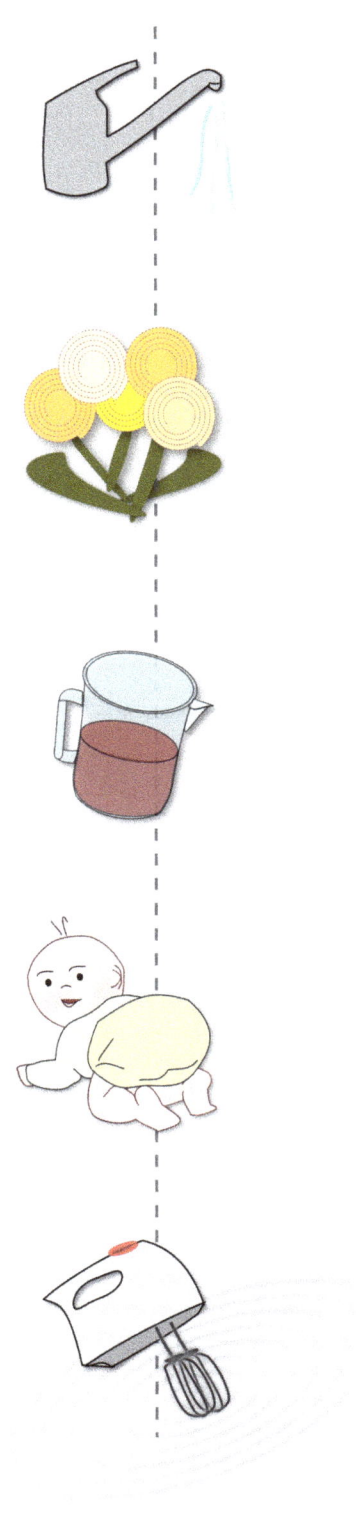
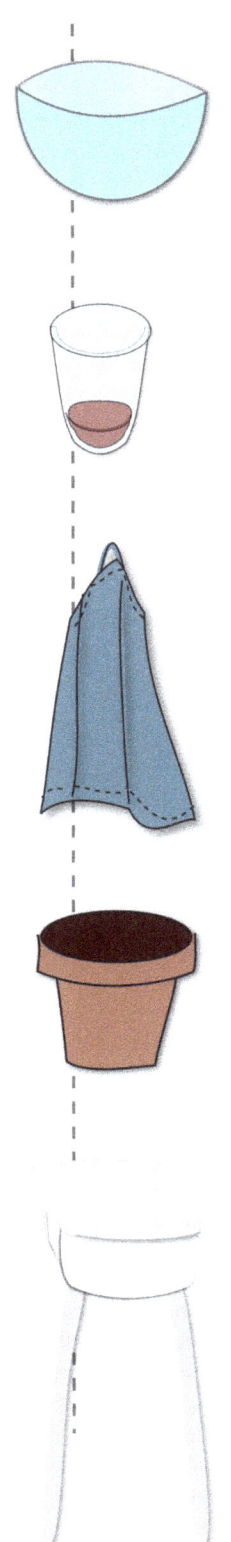

 Was gehört zusammen? Wofür brauchen wir es?

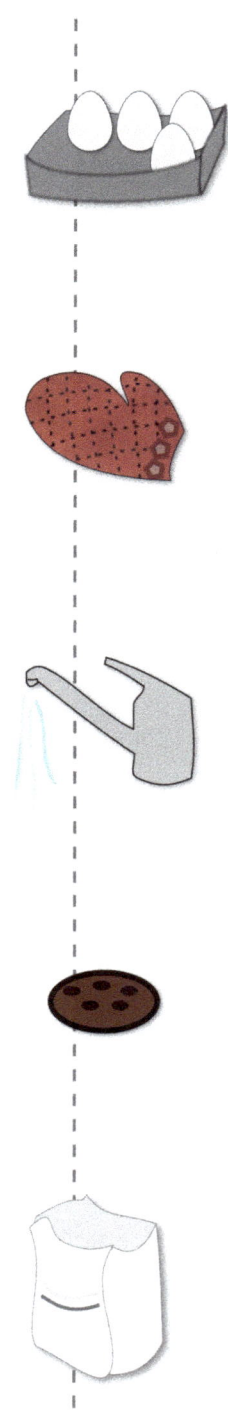

 Was gehört zusammen? Wofür brauchen wir es?

Super-A will backen. Finde, was sie braucht!

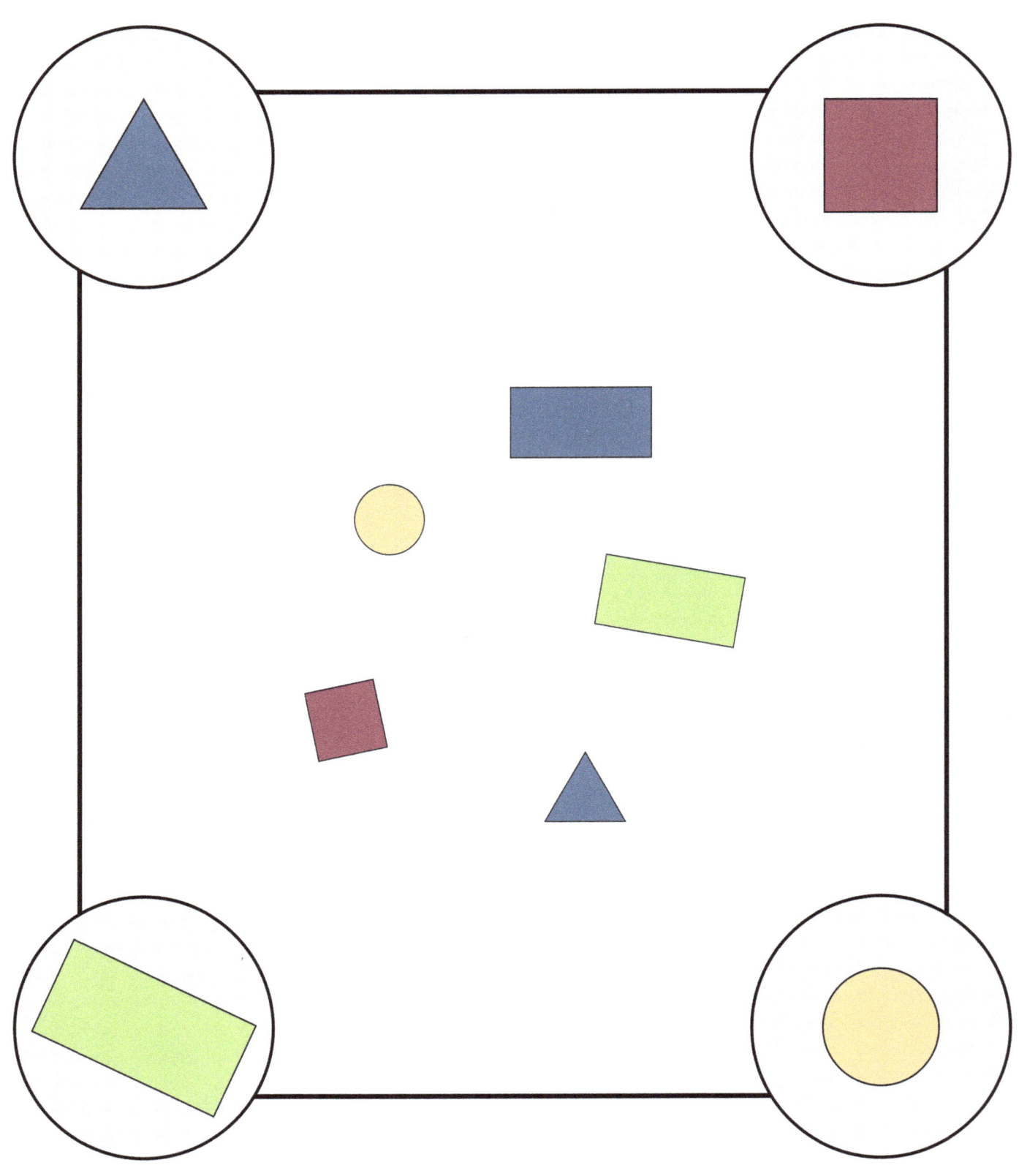

Finde **4** Gleiche

Was mögen Adrian, sein kleiner Bruder und Mama?
Mögen sie dieselben Dinge oder verschiedene?

Was mögen Adrian, sein kleiner Bruder und Mama?
Mögen sie dieselben Dinge oder verschiedene?

Was mögen Adrian, Super-A und Mama?
Mögen sie dieselben Dinge oder verschiedene?

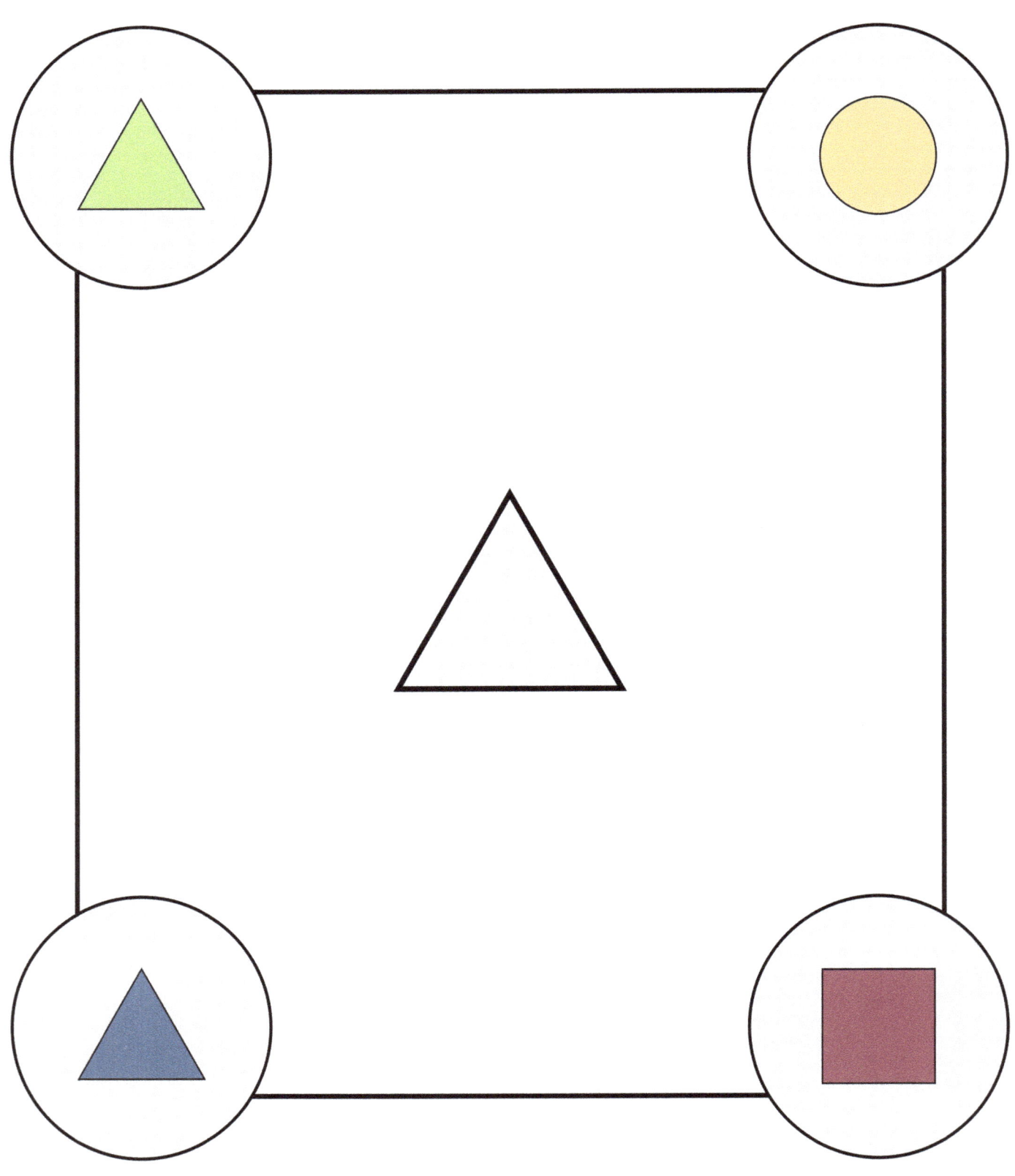

Finde **2** Gleiche

 Es ist Zeit zu essen! Wer mag die Flasche?
Wie viele Flaschen sollen sie vorbereiten?

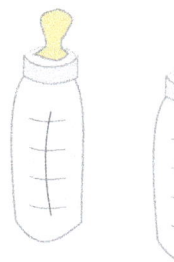 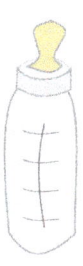 

Nicht alle sind durstig. Wer möchte gerne trinken?
Wie viele Gläser brauchen sie?

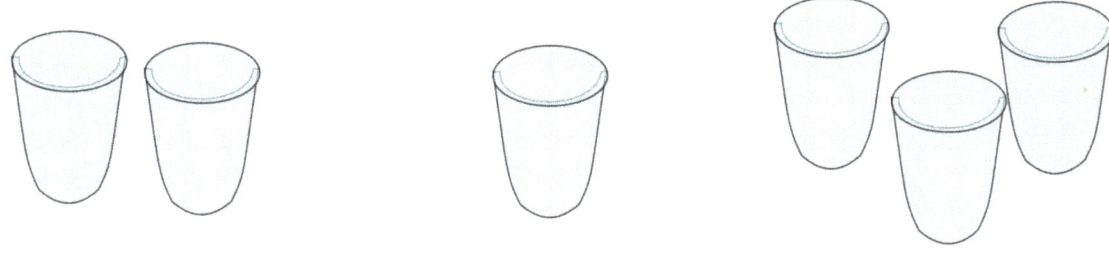

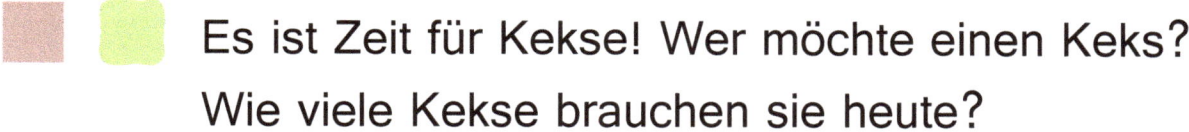

Es ist Zeit für Kekse! Wer möchte einen Keks?
Wie viele Kekse brauchen sie heute?

Finde **5 KLÖTZE** zum Bauen

ERST DANN

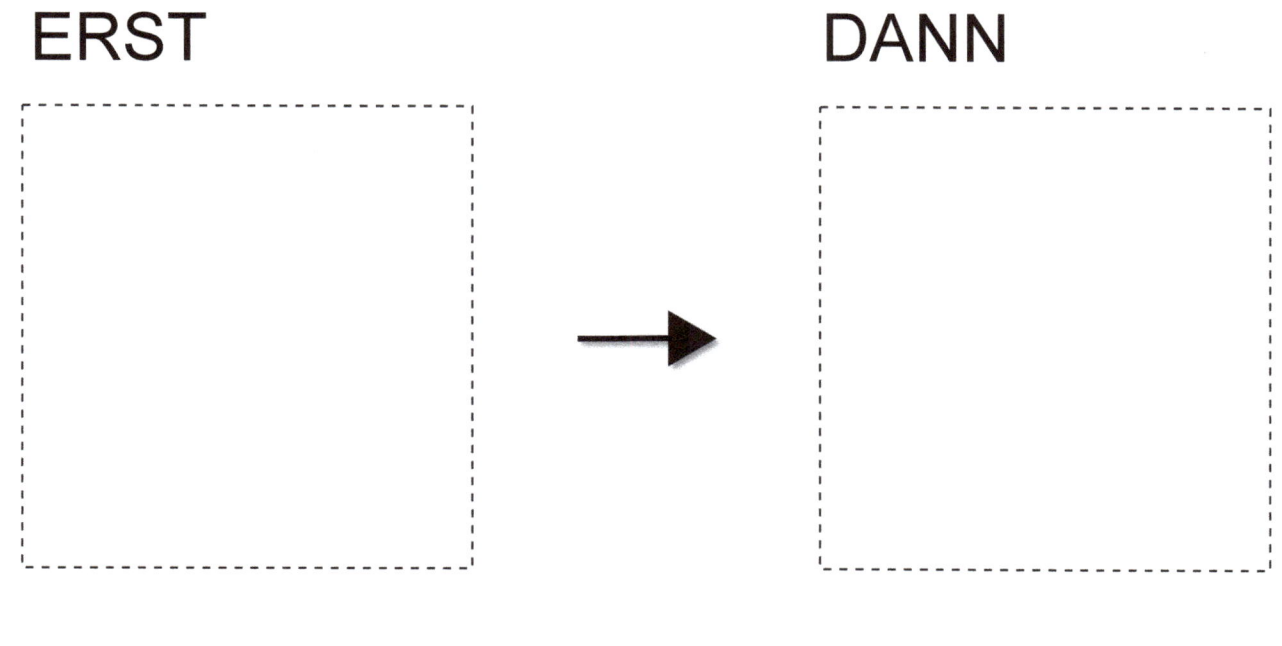

▪ Wir ... waschen Hände ... quirlen Eier ... backen ... trinken ... essen Kekse ... zeichnen ... Was kommt zuerst?

(Schneide die Seite mit den Memorykarten aus. Spiel Memory – ordne jedes neue Paar!)

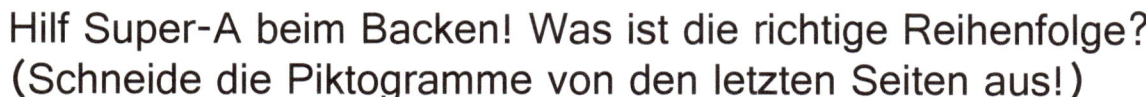

▪ Hilf Super-A beim Backen! Was ist die richtige Reihenfolge?
(Schneide die Piktogramme von den letzten Seiten aus!)

Was glaubst du – wer mag Kekse?
Lege die Personen zum fröhlichen oder traurigen Smiley.
(Verwende die Buchcharaktere von der nächsten Seite)

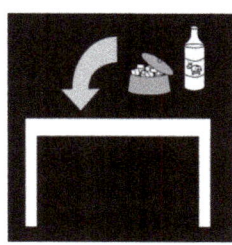  

Ausschnitte für die Übungen. Oben: Ordne die Piktogramme. Unten: Wer mag es? Lege die Kreise auf die Kekse auf der vorigen Seite. Erzähle, wieso du Eier oder Seife magst. (Füge eigene Fotos hinzu)

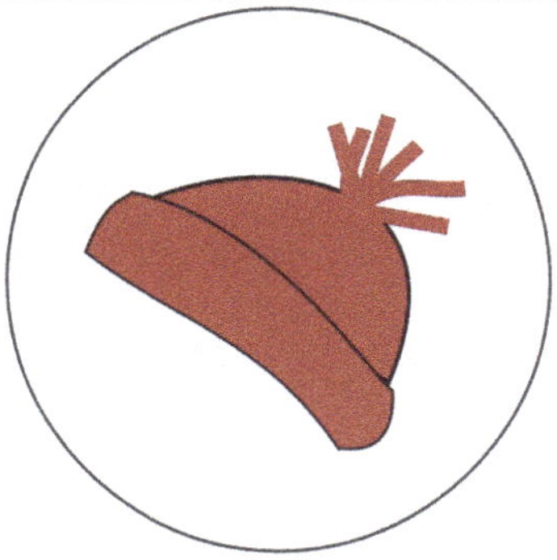

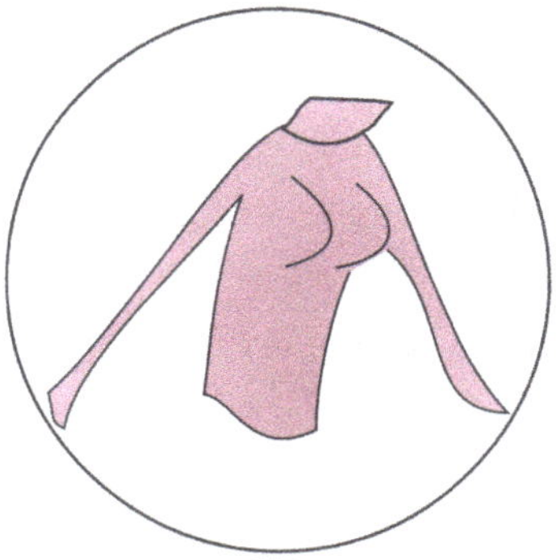

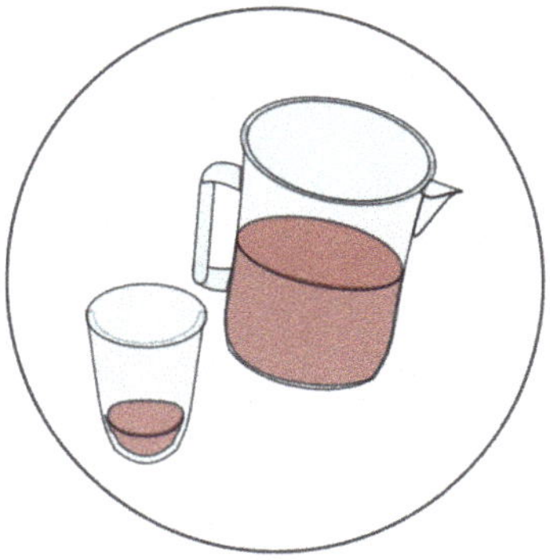

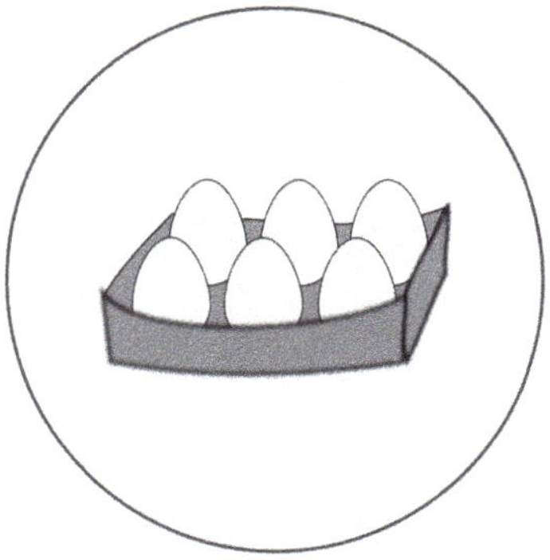

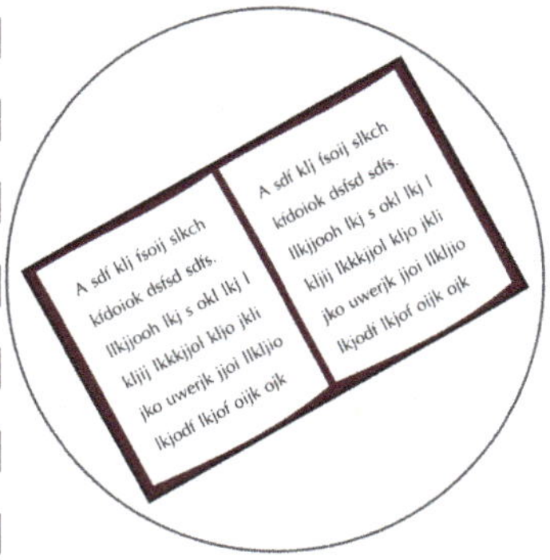

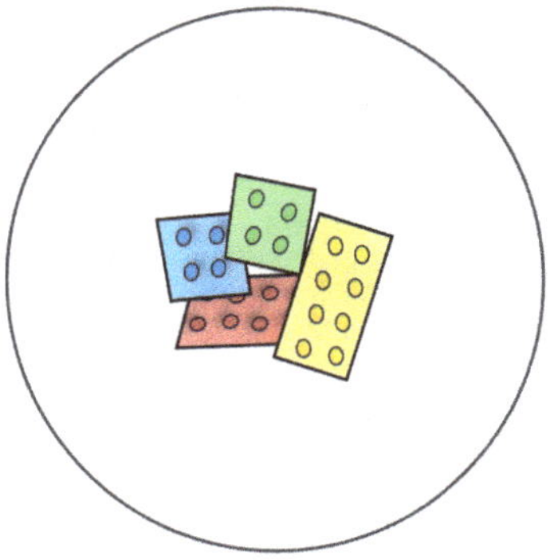

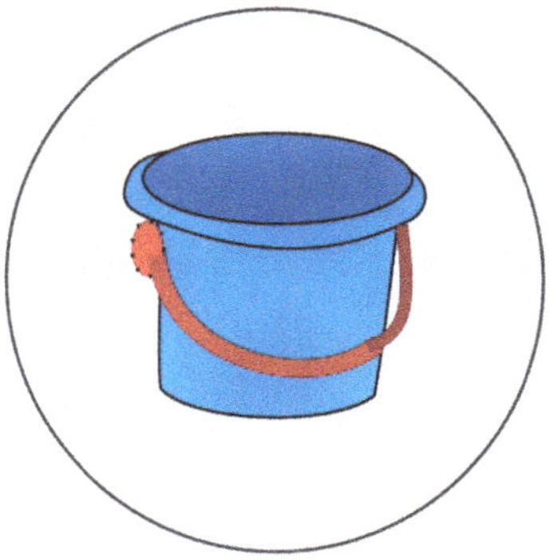

Seife	Zucker	Kokosraspel	Kekse (Kokosmakrone)	iPad

Pst …! Es gibt weitere Übungsbücher zum Ersten Buch mit Adrian und Super-A

NEULINGE Backen & mögen mit Adrian und Super-A:
Lebenskompetenzen für Kinder mit Autismus und ADHS
NEULINGE Üben 1 © Jessica Jensen und Be My Rails Publishing 2015
Alle Rechte vorbehalten. Bitte beachten: die Übungsbucher dürfen nicht reproduziert werden.
Die einzigen Ausnahmen: a) Die Ausschnitte für die Übungen, dürfen frei
kopiert werden. b) Die Seiten mit den Übungen dürfen laminiert und wieder verwendet werden:
was aber auf ein und denselben Schüler(in) für jedes Übungsbuch begrenzt ist.
Deutsche Übersetzung: Kathrin Dürkop
Piktogramme: www.sclera.be
ISBN 978-91-982414-0-2
Be My Rails Publishing
www.BeMyRails.com

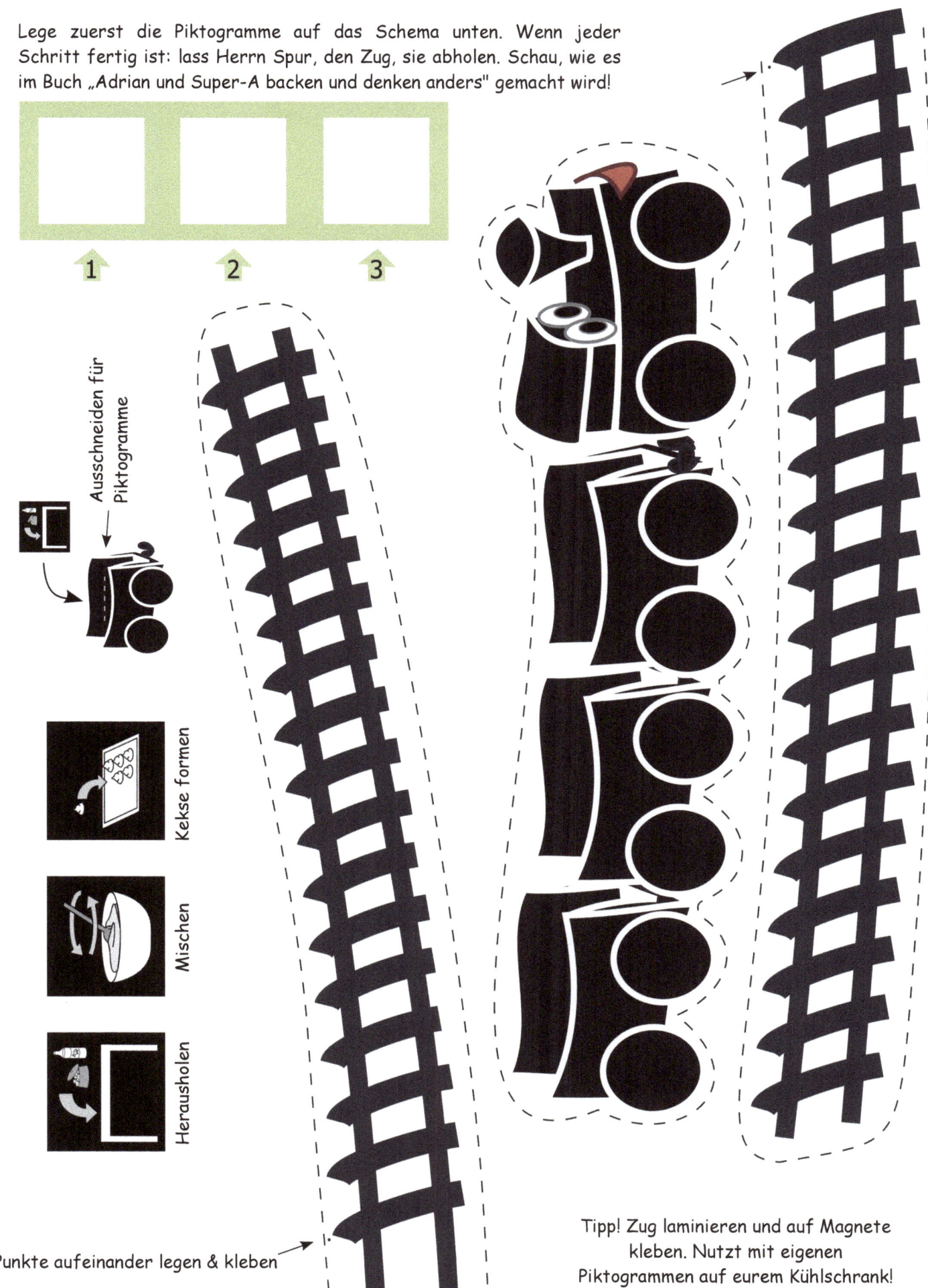